AF277501

Deseo expresar mi gratitud a la Fundación Ramón Menéndez Pidal
por las facilidades ofrecidas en el proceso de documentación,
y muy especialmente a Elena Gallego, tan generosa a la hora de compartir
sus conocimientos.

A. P.

© del texto: Alejandro Pedregosa, 2025
© de las ilustraciones: Concha Pasamar, 2025
© de esta edición: Kalandraka Editora, 2025

Rúa de Pastor Díaz, n.º 1, 4.º B. 36001 Pontevedra
Tel.: 986 860 276
editora@kalandraka.com
www.kalandraka.com

Impreso en Gráficas Anduriña, Poio
Primera edición: noviembre, 2025
ISBN: 978-84-1343-403-2
DL: PO 465-2025
Reservados todos los derechos

MIXTO
Papel | Apoyando la
silvicultura responsable
FSC® C104983

Alejandro Pedregosa

A LA SOMBRA
DE UN ROMANCE

Vida de María Goyri

Ilustraciones de
Concha Pasamar

kalandraka

ÍNDICE

A LA SOMBRA DE UN ROMANCE

El fulgor   9

Amalia   15

Tomar la palabra   23

Ramón   29

El descubrimiento   35

Un proyecto de vida   41

Residencia de señoritas   47

Un paseo por Granada   53

Olivar de Chamartín   59

La guerra   63

Los últimos otoños   69

Colofón   76

≡

El fulgor

Cuando canta la calandria
y responde el ruiseñor.

La profesora está sentada al lado de la pizarra verde. Lleva el pelo gris recogido en un moño. Tiene el rostro redondo y unos labios finos que se curvan en una sonrisa. De pie, junto al pupitre, está la alumna. Los compañeros la observan, pero ella no se siente incómoda. Como el resto de la clase, ha aprendido a recitar poemas de memoria y a hablar en público sin miedo a equivocarse. «No podéis temer a las palabras», dice la profesora; «no podéis temerle a vuestra propia voz». La muchacha se frota levemente las manos y empieza:

> Que por mayo era por mayo
> cuando hace la calor
> cuando los trigos se encañan
> y están los campos en flor…

La escena sucede en Madrid, en el Colegio Estudio. Corre el año 1941 y la dictadura franquista ha enterrado bajo plomo todos los avances educativos de las décadas anteriores. Niños y niñas vuelven a estar separados, miles de maestros permanecen en la cárcel y la asignatura de Religión vale ahora más que la de Historia. En este colegio, sin embargo, las cosas son diferentes. La profesora de Literatura –la que lleva el pelo gris recogido en un moño–, que es también la directora, se llama María Goyri; tiene sesenta y ocho años, y ha dedicado su vida a trabajar por unas cuantas causas nobles que ahora son peligrosas.

La alumna termina de recitar el *Romance del prisionero* y los aplausos rebotan en las cuatro paredes de la clase. María Goyri sonríe. Se recuerda a sí misma montada en un burro, de pueblo en pueblo, por las sierras castellanas.

Los romances eran por entonces animales en peligro de extinción; sobrevivían en los cantares de las gentes sencillas: la lavandera, el agricultor… María se echó al monte y, verso a verso, melodía a melodía, rescató para el futuro los viejos romances medievales. Puede que nadie le reconozca nunca esa hazaña, pero eso es algo que, francamente, no le importa.

María observa a su alumna. Los últimos versos del poema le brillan todavía en los labios, como si fueran miel.

Ese fulgor es su premio.

≡

Amalia

Y viera abajo a su madre
en silla de oro sentada.

Madrid, primavera de 1880. María Goyri es una niña de siete años que corretea por el Parque del Retiro. No lo tiene fácil. El vestido pesa un quintal y sus zapatos son tan flexibles como el caparazón de una tortuga. A nadie se le ha ocurrido todavía hacer ropa para que las niñas corran. Las normas de la época dictan que las niñas estén quietas y silenciosas como pequeñas estatuas humanas. La madre de María, sin embargo, prefiere que su hija corra y salte y se manche las manos con la tierra.

La madre se llama Amalia Goyri. Acaba de cumplir treinta años y, ciertamente, es una mujer singular. Nunca se ha casado, pertenece a una familia acomodada de origen vasco, posee una educación distinguida y, sobre todo, tiene un don natural para la enseñanza.

Dice Amalia que la escuela más hermosa es la naturaleza y, por eso, todas las mañanas va con su hija al Retiro y allí, a la sombra de frondosos castaños, le enseña Francés, Gramática, Ciencias Naturales… Amalia sabe también que hay mucha cultura fuera de los libros, así que los lunes por la tarde María acude a una academia de dibujo y los miércoles a un gimnasio. En ambos lugares es la única niña, pero… «Alguien tiene que ser la primera», dice Amalia.

En la vieja lengua de los vascos, la palabra *goiri* remite a la altura, arriba, a todo aquello que está más allá. A sus siete años, María Goyri ya empieza a estar por encima de las normas de su tiempo. El mérito es de Amalia. Ella ha tenido una hija de carne y hueso y no está dispuesta a que nadie la convierta en una estatua.

Por suerte, en aquella época, hay en España un grupo de intelectuales a quienes tampoco les gustan las niñas-estatua. Poco a poco, están creando una serie de instituciones que buscan abrir la sociedad española a una educación humanista y liberal. Menos palos y más zanahorias. Menos dogmas y más conocimientos. Esa es su filosofía. Han abierto un colegio al que han llamado Asociación para la Enseñanza de la Mujer (AEM). Imparten allí cursos de formación profesional para chicas adolescentes. Saben en la AEM que las mujeres del futuro serán un poquito más libres; más autónomas, si tienen un buen salario en el que apoyarse y, por esa razón, instruyen a las jóvenes para convertirlas en institutrices, telegrafistas, dependientas o archiveras.

María Goyri tiene doce años cuando entra en la AEM. Nadie lo sabe todavía, pero la AEM va a ser la cuna del feminismo español. En ella imparte clases Concepción Arenal, una pionera en los derechos de las mujeres cuyas enseñanzas influyen de un modo definitivo en la joven María.

Una secretaria de aspecto severo le pregunta de qué colegio proviene. María responde que no ha tenido más escuela que el Retiro ni más maestra que su madre. Una oruga de asombro se pasea por el entrecejo de la secretaria que, de inmediato, le propone hacer un examen. Después de un largo dictado, una serie de cuentas y un análisis sintáctico, la oruga del entrecejo explota y se convierte en mariposa. Ciertamente, aquella chica es especial.

Profesores y compañeras quedarán admirados con la inteligencia de la joven María, también con su sencillez y su carácter afable. Tiene María algo de amapola en los trigales:

se esfuerza en pasar desapercibida, pero es inevitable que destaque.

En la AEM obtiene los títulos de Comercio, Institutriz e Idiomas. Y, estudiando por libre, consigue el de Bachillerato.

Estamos en 1891: María acaba de cumplir dieciocho años. Le gustaría seguir aprendiendo. No es fácil; muy pocas mujeres han conseguido ir a la universidad.

Tomar la palabra

Allí habló la más chiquita,
en razones la mayor.

María toma la palabra. Su naturaleza discreta prefiere el segundo plano, pero hoy es necesario dar un paso al frente y tomar la palabra.

Sucede en el Ateneo de Madrid, en un Congreso de Pedagogía que reúne a investigadores de España, Portugal y América.

María sube al estrado para pedir que se permita el acceso de las mujeres a la universidad. Sabe bien de lo que habla. Hace unos meses intentó matricularse en la Facultad de Filosofía y Letras, pero no la dejaron. En las reglas no se contempla que una mujer tenga estudios universitarios −¿para qué querría estudiar una estatua?−. De hecho, hasta ese momento, se pueden contar con los dedos de una mano las mujeres que han pisado la universidad.

María solicita ir de oyente y se lo conceden, aunque, a cambio, tiene que cumplir ciertas normas. Cada mañana un bedel la recoge en la puerta de la facultad y la lleva a un viejo despacho con polvorientos anaqueles de madera. Allí permanece encerrada hasta que llega un profesor y la acompaña al aula. Por precaución, debe sentarse en el primer banco, apartada del resto de compañeros. Después de cada clase, la escoltan de nuevo hasta el despacho, en espera del siguiente profesor, y así hasta concluir la jornada.

«Las mujeres no podemos ser ajenas al conocimiento», dice María en su discurso del Ateneo, y una salva de aplausos sobrevuela la sala como una bandada de estorninos. Cuando concluye la intervención, Emilia Pardo Bazán, por entonces la escritora más conocida de España, se acerca hasta ella y la acoge en un abrazo emocionado.

El nombre de María Goyri suena por primera vez entre los intelectuales de su tiempo. No es algo que le entusiasme –prefiere el trabajo discreto–, pero hoy era necesario tomar la palabra. Y la ha tomado.

Al año siguiente, y después de mucho pleitear, le permiten por fin matricularse en la carrera de Filosofía y Letras. Será la única mujer en la orla de licenciados. Ya lo decía su madre: «Alguien tiene que ser la primera».

Ramón

¿Por dónde has entrado, amor?
¿Cómo has entrado en mi vida?

El joven se llama Ramón Menéndez Pidal. Tiene la frente despejada y una barba espesa y oscura. Su acento es asturiano; de Asturias son sus padres y toda su familia y, aunque llegó a Madrid siendo adolescente, sigue conservando el habla que alumbró su niñez.

Con tan solo veintisiete años, ya es profesor en la universidad y, según dicen, va para sabio. Quizá por eso es tímido y bastante reservado. Ramón y María se conocen en el Ateneo de Madrid, durante un ciclo de conferencias. Empiezan a dar largos paseos por las afueras de la ciudad, donde hablan de sus aficiones comunes: la fotografía y la literatura medieval, principalmente. Pronto María lo convence para salir de la urbe y atrochar por la sierra de Guadarrama junto a un grupo de amigos excursionistas. María, que se crio en el Retiro, ama la naturaleza tanto como los libros. A Ramón le conmueve el verde intenso de sus montes asturianos, pero ella le enseña a apreciar la belleza de las plantas silvestres: la lavanda, el romero, la flor de jara… En esas caminatas por la sierra, van abriendo juntos una senda que ninguno de los dos esperaba transitar: el amor.

Se escriben a diario. Las cartas de María son divertidas y traviesas. Se burla dulcemente de Ramón y le reprocha con ironía lo poco que la echa de menos. La familia de Ramón desaprueba el noviazgo. Tienen ideas muy conservadoras y prefieren las estatuas de buena familia a las mujeres con estudios que van por el campo solas. Pero toda oposición será en vano; María Goyri y Ramón Menéndez Pidal han descubierto que son algo más que una pareja, algo más que un matrimonio. Son un equipo. Y juntos piensan vivir, amarse y trabajar el resto de sus vidas.

de Julio de 1897.

...t tiempo está todo lo

... y no es

gusto, porque ...

bueno que ...

uno muy ...

El domi...

ques. Esta...

pasamo...

tábame...

prueba ...

Carmen; pero ... maravillas ...

gu... ...dose la vista y no escriba al

anochecer; haga V. lo que yo, que

acabo esta carta antes de las 7 de

la mañana. Esto, sí que es mérito.

María

El descubrimiento

Yo no digo mi canción
sino a quien conmigo va.

María Goyri y Ramón Menéndez Pidal se casan el 5 de mayo de 1900 y, solo un día después, inician su viaje de bodas. Ambos aman la literatura medieval, en especial el *Cantar de mío Cid*, así que deciden seguir el camino que ochocientos años antes hizo Rodrigo Díaz de Vivar –el Cid– por los pueblos de la vieja Castilla. Son excursionistas experimentados, unas veces van a lomos de mulas, otras caminando por la sierra y, si aparece un lago, lo atraviesan en una balsa. La sombra del Cid los protege desde algún lugar remoto y una mañana, inesperadamente, les ofrece un regalo que cambiará sus vidas para siempre.

En Burgo de Osma, provincia de Soria, María entabla conversación con una vecina. Charlan de esto y de aquello y, en algún momento…

María recuerda los primeros versos de *La boda estorbada,* un romance que aprendió de pequeña:

Grandes guerras se publican
en la tierra y en el mar
y al conde Flores le nombran
de capitán general.

La paisana sonríe; también ella conoce ese poema, y sabe muchos más, porque su madre y su abuela eran muy romanceras y le dejaron por herencia aquellos cantares de tiempos lejanos.

La mujer, animada con la agradable compañía, *canta* entonces un romance que María no conoce. Y eso es raro, porque ella ha estudiado con esmero todas las colecciones de romances medievales. Le pide, por favor, que vuelva a recitarlo.

Mientras la escucha, siente María correr por la espalda el hormigueo de los grandes descubrimientos. Comprende que se encuentra ante un romance «perdido»; un romance que nunca ha llegado a los libros y que, durante siglos, ha pervivido en la memoria de las gentes: en los cantos de las lavanderas, en las fiestas populares, en los mercados, en las noches de invierno frente al fuego…

Las preguntas surgen solas. ¿Existen más romances perdidos? ¿Cómo recuperarlos? ¿Cómo darlos a conocer? María y Ramón se miran un instante. Sonríen. No hacen falta palabras. Saben perfectamente lo que tienen que hacer.

Un proyecto de vida

Júntanse boca con boca,
juntos quieren dar el alma.

El método es idéntico al de aquella primera vez. María recita los versos iniciales de un romance y los vecinos, si lo conocen, continúan con su versión particular. No solo anotan la letra: María y Ramón se han comprado un fonógrafo para registrar las musiquillas que a menudo *visten* a los romances. Los fines de semana salen al campo y, con el mismo entusiasmo que otros buscan setas, ellos buscan nuevos poemas que añadir a su colección. Tienen una idea hermosa y loca: crear un archivo que recoja las distintas variedades de romances, una especie de caja fuerte donde guardar estas joyas de la literatura oral. Saben que no es cosa de un día. Se trata de un proyecto inagotable, un proyecto de vida. Y por eso, precisamente, les gusta más.

También es un proyecto de vida la pequeña Jimena, que ha nacido en 1901 y, siendo poco más que un bebé, ya acompaña a sus padres en las excursiones por la sierra de Guadarrama. El nacimiento del segundo hijo, Ramón, supone una nueva alegría que, desgraciadamente, pronto se tornará en duelo. A los cuatro años muere el pequeño, víctima de una meningitis, y el corazón de María –luminoso, pacífico– se llena por vez primera de tinieblas.

Amalia, la madre y abuela, se sienta a la orilla del dolor de su hija y espera. Quiere convencerla para que se tome un descanso y viaje con Menéndez Pidal a Estados Unidos. Su fama de joven erudito se va extendiendo por el mundo hispánico y son varias las universidades que lo han invitado a dar conferencias. Amalia insiste. También María ha trabajado corrigiendo y mejorando esas conferencias, así que es justo que lo acompañe.

Por Jimena no debe preocuparse: sabe bien cómo cuidarla. De hecho, se fragua en aquellos meses un vínculo especial entre nieta y abuela que las mantendrá unidas de por vida.

De aquel viaje americano regresa María con la retina llena de imágenes asombrosas. La más impactante, sin duda, el funcionamiento de los *colleges* femeninos, unas residencias donde cientos de chicas conviven de forma independiente y acuden cada día a la universidad. María sueña despierta: ¿y si algo semejante pudiera hacerse en España?

Residencia
de señoritas

Dentro había cien doncellas
vestidas a maravilla.

Siete años después, María acude a una oficina del centro de Madrid para hacer un trámite administrativo. El funcionario lleva unas gafitas de alambre colocadas en mitad de la nariz. Parece cansado, como si un peso invisible le aplastase los hombros. Después de anotar el nombre en un papel, le pregunta si tiene un oficio. En el rostro de María se dibuja esa sonrisilla irónica que tanto le gusta a Ramón. Pues sí, oficios tiene varios, la verdad. En primer lugar, es madre de Jimena y Gonzalo, el último en llegar a la familia, que acaba de cumplir siete años y no para quieto. Podría decirle también que es investigadora, que lleva más de quince años recolectando romances medievales, o que es especialista en la obra de Lope de Vega, o que buena parte de los trabajos que dan fama a Menéndez Pidal son también trabajos suyos, porque ellos, aunque poca gente lo sepa, son un equipo.

La respuesta de María, sin embargo, es otra: «Soy profesora de Lengua y Literatura en la Residencia de Señoritas», dice. Y la sonrisilla irónica se abre ahora plenamente y se convierte en un abanico de colores.

La Residencia de Señoritas es un centro de formación para mujeres universitarias. Aquel sueño americano de María se ha hecho por fin realidad. Ha sido gracias a la JAE (Junta para la Ampliación de Estudios e Investigaciones Científicas), una institución con un nombre largo y aparatoso que quiere sacar a España de su histórico atraso educativo. Para ello han creado, entre otras iniciativas, la Residencia de Señoritas, que, en apenas cuatro años, ya cuenta con ciento treinta alumnas matriculadas.

Saben en la JAE que la riqueza de un país se mide por la educación de sus gentes; que mil mujeres con estudios valen más que mil hombres con fusiles. También María comparte esa creencia. Todas las mañanas, antes de entrar en clase, observa los corros de chicas reunidas en los pasillos; sus risas se escapan por los ventanales del patio como una bandada de palomas blancas. Siente María que un futuro mejor está llamando a las puertas de España.

«¿Edad?», pregunta el funcionario. «Cuarenta y cuatro», dice María.

Un paseo por Granada

Por el Zacatín arriba
subido había a la Alhambra.

Paseábase el rey moro
por la ciudad de Granada
desde la puerta de Elvira
hasta la de Bibarrambla…

Así empieza el *Romance del rey moro que perdió Alhama.* María lo ha recitado muchas veces, pero nunca como hoy. Se encuentra en Granada, en un lugar que llaman el Paseo de los Tristes, porque, antiguamente, pasaban por allí los cortejos fúnebres camino del cementerio.

María y Ramón, como es su costumbre, aprovechan la visita a la ciudad para interesarse por la pervivencia de los romances en esta zona de Andalucía. Hoy no van solos: los acompaña un joven poeta granadino con ojos de luna llena y risa de manantial.

El poeta quiere enseñarles el Albaicín y las cuevas del Sacromonte, donde los gitanos cantan y bailan al anochecer en torno a las hogueras para mantener viva la memoria de su pueblo ancestral.

Aunque es la primera vez que se ven, hay un vínculo importante entre los tres: la Institución Libre de Enseñanza (ILE). La ILE es un proyecto que busca la transformación cultural de España y en el que Ramón y María son colaboradores habituales. Entre las distintas iniciativas de la ILE está la Residencia de Estudiantes, un hotelito que acoge y protege a los estudiantes más prometedores de las ciencias y las letras, entre quienes se encuentra aquel granadino con ojos de luna llena.

El joven está feliz ante la posibilidad de compartir esta jornada con María y Ramón.

Desde muy pequeño, le han fascinado las leyendas, las canciones, los romances y todas las historias que salen por la boca de la gente humilde.

María le cuenta sus primeras excursiones por tierras de Castilla y cómo, desde entonces, el archivo ha ido creciendo con la ayuda de amigos y alumnado que «recolectan» romances por todos los rincones de la península ibérica y América Latina.

Al caer la noche, se despiden en la puerta del hotel. Mientras el joven se aleja, María, discretamente, le comenta a Ramón: «Este chico tiene algo especial».

El chico se llama Federico García Lorca y, dentro de unos años, escribirá un libro eterno: *El romancero gitano.*

Olivar de Chamartín

Mas no le faltó al buen Cid
adonde asentar su campo.

La casa tiene dos plantas y un elegante torreón, que recibe la luz de la mañana. María y Ramón la han mandado construir en el Olivar de Chamartín, un lugar a las afueras de Madrid al que apenas llega una línea de tranvía. En la casa hay un amplio jardín, donde crece la flor de jara, el romero y la lavanda. No es casualidad. María ama las plantas silvestres de la sierra de Guadarrama; le traen el aroma (y los recuerdos) de aquellas primeras excursiones, cuando ella y Ramón eran dos jovenzuelos con más sueños que certezas.

La casa es más que una casa: es un hogar. Como en un cofre gigante, María y Ramón preservan allí sus bienes más preciados: sus miles de libros, su cámara fotográfica, la grabadora, el archivo del romancero y, sobre todo, la familia.

Los hijos ya han crecido mucho. Jimena ha heredado el interés por la enseñanza de las mujeres Goyri. Es profesora en el Instituto Escuela, el colegio con las ideas pedagógicas más avanzadas de su tiempo. Se ha casado con el científico Miguel Catalán y, tras una breve estancia por Europa, se trasladan a vivir al Olivar de Chamartín. Gonzalo, el hijo menor, estudia en Alemania, pero a su vuelta también recalará en la casa donde, a principios de 1927, muere la abuela Amalia.

El faro que durante décadas ha orientado la vida de María Goyri se apaga definitivamente. El dolor es hondo; sin embargo, pronto llega un bálsamo inesperado que repara el ánimo de María y de toda la familia. Se llama Diego y es el hijo de Jimena y Miguel Catalán: el primer nieto.

Por las mañanas, la risa de Diego, como una brisa, se enreda entre las jaras, el romero y la lavanda.

≡

La guerra

*Y al resplandor de la llama
vi un montón de calaveras.*

La guerra es la reunión de todas las desgracias en una sola palabra. La guerra siembra de odio los campos y el corazón de las gentes. Pone boca abajo los mapas y desordena el mundo. Abre hoyos oscuros en la tierra por donde se cuelan millones de personas que no vuelven jamás. En el verano de 1936, Franco inicia una guerra contra la democracia española.

El asunto es serio. María y Ramón han colaborado activamente en los proyectos modernizadores de la República y conocen los asesinatos y las represalias que se están llevando a cabo contra amigos e intelectuales. Deben salvar la vida.

Pero salvar la vida es también salvar su obra. Con la ayuda del embajador de México, consiguen trasladar el Archivo del Romancero a los sótanos de la embajada y, desde allí, a un lugar seguro en Ginebra. Los romances, que han viajado durante siglos de boca en boca, viajan ahora junto a *Las meninas* y *Los fusilamientos del 3 de mayo*. Forman parte del Tesoro Nacional, el patrimonio más valioso del país.

Son días terribles, no es fácil salir de España y la familia debe tomar decisiones. Acuerdan que Ramón se exilie en Estados Unidos, mientras María y Jimena, Diego y Miguel Catalán se marchan discretamente a Segovia, en espera de una oportunidad que vuelva a reunirlos en el extranjero.

La oportunidad nunca llega y pasan los tres años que dura la guerra separados y temerosos de cualquier desgracia. Ellos lo ignoran, pero en Burgos un alto cargo franquista ha elevado una acusación contra toda la familia. Dice en su informe que Ramón Menéndez Pidal es «esencialmente bueno, débil de carácter y totalmente dominado por su mujer».

Sobre María Goyri escribe: «Persona de gran talento, de gran cultura, de una energía extraordinaria que ha pervertido a su marido y a sus hijos… De las personas más peligrosas de España».

Los últimos otoños

Que hoy es venido el día
que honra habéis de ganar.

Después de la guerra no viene la paz; viene la venganza.

Con la victoria de Franco, Menéndez Pidal, de regreso en España, es desposeído de todos sus cargos. También las instituciones en que María ha trabajado –la Residencia de Señoritas, entre ellas– son sistemáticamente desmanteladas. Los esfuerzos (y los sueños) por modernizar el país yacen ahora como escombros humeantes en medio de una plaza.

La familia, expulsada de los círculos académicos y *exiliada* en su propia casa, se queda sin ingresos. María y Ramón empiezan a estar mayores, pero Jimena, que ha heredado la pujanza y el empeño de las Goyri, se asocia con dos amigas y consigue abrir una pequeña escuela en una casa de la calle Oquendo: el Colegio Estudio.

Allí, del modo más discreto posible, se mantiene encendida la llama de una pedagogía liberal, humanista y crítica. Y allí, con la dulce sabiduría de una abuela, imparte María sus últimas clases de Literatura. Aprenderán sus alumnos a recitar sin pudor los viejos romances y un brillo como de miel les pintará los labios.

Los últimos otoños transcurren lentamente en el Olivar de Chamartín. María tiene más de setenta años, pero su empeño investigador y su pasión por el trabajo siguen intactos. Reparte los días entre el Archivo del Romancero y el estudio de las obras de Lope de Vega, a quien ella llama «su otro gran amor». Por las tardes, después de cerrar los libros, baja al jardín y juega con los nietos.

Se acuerda a veces de una niña que, vestida de estatua, corría por el Parque del Retiro.

Colofón

El 27 de noviembre de 1954 es sábado. María Goyri cierra los ojos en su casa del Olivar de Chamartín. Exactamente igual que siempre vivió: rodeada de libros y familia. Catorce años después, se apaga el corazón de Ramón Menéndez Pidal. *El romance del conde Niño*, que era uno de los preferidos de María, termina diciendo:

De ella naciera una garza,
de él, un fuerte gavilán;
juntos vuelan por el cielo,
juntos vuelan par a par.

ISBN 978-84-1343-403-2

www.kalandraka.com